FINANZAS PARA INGENIEROS

Introducción a las Matemáticas
Financieras

Arturo Camacho

Finanzas para Ingenieros 1ª edición: abril 2024

Foto autor contracubierta: Andreina Camacho

Diseño Cubierta: Andreina Camacho

Ediciones Mente Abierta Libros

Av.11. Alto Prado. Caracas 1080, Venezuela

ISBN (versión Paperback): 979-8-8772768-3-3

MENTE ABIERTA LIBROS

TABLA DE CONTENIDO

INTRODUCCIÓN

Desde las profundidades de circuitos y sistemas, mi viaje comenzó como un joven ingeniero electrónico, fascinado por el intrincado mundo de la tecnología. En aquellos días, mi vida giraba en torno a resistencias, capacitores y ondas electromagnéticas. Sin embargo, la vida a veces nos lleva por caminos inesperados. Así fue como, en un giro del destino, me encontré ante un nuevo y desconocido horizonte: el mundo de las finanzas.

Inicialmente, las finanzas me parecían un laberinto complejo, un mundo alejado de la lógica y precisión de la ingeniería. Pero pronto descubrí que, en su núcleo, las finanzas también se rigen por principios matemáticos y lógicos. Esta revelación fue como un rayo de luz, iluminando mi camino y guiándome en esta nueva aventura.

Mi transición no fue sencilla. Tuve que aprender un nuevo lenguaje, el de los números desde una perspectiva financiera, pero pronto comencé a ver las similitudes con la ingeniería. Empecé a aplicar mis habilidades de resolución de problemas y análisis crítico, desentrañando fórmulas financieras complejas y, a veces, incluso desarrollando mis propias metodologías.

Esta experiencia me enseñó una lección invaluable: no hay fronteras entre disciplinas. La ingeniería y las finanzas, aunque diferentes en superficie, comparten una base común en el pensamiento analítico y la resolución de problemas. Esta comprensión me permitió no solo adaptarme sino también innovar en mi nuevo campo.

Ahora, como CFO de una empresa líder, miro hacia atrás y veo ese cambio forzado como una bendición disfrazada. Me ha permitido explorar áreas que nunca imaginé y aplicar mi conocimiento de ingeniería de formas únicas y efectivas. Este libro es un testimonio de ese viaje, una invitación para ustedes a explorar el fascinante mundo de las finanzas a través de los ojos de un ingeniero.

Con este libro, espero inspirar a otros, no solo ingenieros o financieros, sino a cualquiera que se encuentre ante la encrucijada de cambiar de carrera o aprender algo fuera de su zona de confort. Las lecciones aprendidas y las historias compartidas aquí son un testimonio de la adaptabilidad, la innovación y el crecimiento personal que resultan de abrirnos a nuevas experiencias y conocimientos.

Mi viaje en las finanzas, más allá de ser una simple transición profesional, se convirtió en una exploración apasionante de cómo los principios de la ingeniería se aplican en el ámbito financiero. Al igual que en la electrónica, donde una multitud de fórmulas gobierna el comportamiento de los circuitos, en las finanzas, una variedad de fórmulas revela los secretos del dinero y su comportamiento a través del tiempo. Desde las bases del interés simple y compuesto hasta fórmulas más complejas, cada una ofrece una ventana única a la naturaleza del valor financiero.

A continuación, no solo nos adentraremos en el mundo del interés simple y compuesto, sino que también exploraremos otras fórmulas esenciales. Estas herramientas matemáticas son el corazón que da vida a las decisiones financieras, desde inversiones personales hasta grandes maniobras corporativas. Así como un ingeniero necesita comprender la teoría detrás de un circuito para diseñarlo eficientemente, un financiero debe dominar estas fórmulas para navegar con éxito en el mundo de las finanzas.

1. FÓRMULA DE INTERÉS SIMPLE

Las matemáticas financieras es la rama de las matemáticas que estudia las operaciones financieras, donde el dinero sufre variación cuantitativa de su valor con el paso del tiempo. Variación que puede ser positiva (apreciación) porque "gana intereses" o negativa (depreciación) por consecuencias inflacionarias o costo del dinero en el tiempo.

Para calcular estas apreciaciones o depreciaciones del dinero se emplea la fórmula básica de interés simple, en el cual se calcula el valor (V) que tendrá un capital (C) que aumentará o disminuirá por la aplicación de un interés (i) durante un tiempo (t) de una forma simple y directa:

$$V = C + C \times i \times t$$

Es decir, al multiplicar el capital (C) que se tiene inicialmente por el interés (i) y por el tiempo (t) que dure la inversión se obtiene la porción adicional de dinero que deberá sumarse (o restarse) al capital inicial (C) para obtener el nuevo valor (V) de dicho capital. Esta fórmula se puede simplificar sacando factor común C para expresarla de su forma tradicional:

$$V = C \times (1 + i \times t)$$

Lo que determinará que un capital gane o pierda valor será el signo que se le coloque a la variable del interés (i), debiendo emplear un signo positivo cuando se trate de "ganar intereses" como la colocación de un capital en un banco, por ejemplo, y un signo negativo cuando el capital pierda valor a consecuencia de algún factor como la inflación.

Si se pide, por ejemplo, calcular el nuevo valor de una colocación de 1.000$ luego de 2 meses al 5% mensual, se sustituyen los valores en la fórmula anterior:

$$C = 1000$$

$$i = 5\%$$

$$t = 2 \text{ meses}$$

$$V = 1000 \times (1 + 5\% \times 2)$$

$$V = 1000 \times (1 + 0{,}05 \times 2)$$

$$V = 1000 \times (1 + 0{,}10)$$

$$V = 1000 \times 1,10$$

$$V = 1100$$

El capital tendrá entonces un valor de 1.100$ al cabo de 2 meses.

Pero esto en la vida real no funciona así, en el siguiente capítulo se verá por qué.

2. FÓRMULA DE INTERÉS COMPUESTO

Analicemos ahora con detenimiento el ejemplo del capítulo anterior. Si calculamos el valor del capital invertido al final del primer mes en vez de al cabo de dos meses, habríamos sumado al capital inicial de 1000 US$ el 5% de su valor, es decir 50 US$ adicionales y tendríamos al finalizar este primer mes 1.050 US$.

Si quisiéramos obtener lo que nos pide el problema (la colocación por dos meses), debería ser este valor el que empleemos como capital inicial al inicio del segundo mes y emplear la fórmula nuevamente por otro mes adicional (puesto que nadie ha retirado esos 50 US$ adicionales del banco aún, recuerde que la colocación es por dos meses).

Sigamos entonces calculando el valor del capital al cabo del segundo mes de la colocación, obtendríamos entonces:

$$V = 1050 \times (1 + 5\% \times 1)$$
$$V = 1050 \times (1 + 0{,}05 \times 1)$$

$$V = 1050 \times (1 + 0,05)$$

$$V = 1050 \times 1,05$$

$$V = 1102,50$$

Es decir, al cabo de dos meses con un interés del 5% el valor verdadero del capital es de 1.102,50$ y no 1.100$ como se había calculado en el capítulo anterior. Aunque 2,50 US$ no parece mucha diferencia, esta diferencia será mayor a mayor interés o a mayor plazo (si se hubiera hecho esto mismo en 12 meses la diferencia hubiera sido de 1.240,00$ vs 1.268,24$ o 28,24$ más). Los bancos y casas de inversión no pagan interés simple (sería un robo), estos emplean el interés compuesto, el cual se calcula de acuerdo con la siguiente fórmula:

$$V = C \times (1 + i)^{t}$$

Así, el problema en cuestión se calcularía de la siguiente manera:

$$V = 1000 \times (1 + 0,05)^{2}$$

$$V = 1000 \times 1,05^{2}$$

$$V = 1000 \times 1,1025$$

$$V = 1102,50$$

Que coircide exactamente con el cálculo inicial al principio del capítulo.

3. VALORES REALES Y NOMINALES

Una fórmula importante que se deriva de la del interés compuesto es la que sirve para el cálculo del **valor presente** (VP), "trayendo a presente" un valor futuro (VF) n meses a través de una "tasa de descuento" (i). Para ello, es importante contar con la noción de algunos conceptos básicos.

Lamentablemente, el mundo perfecto no existe; este es un mundo donde el dinero va perdiendo valor con el tiempo, por ello nace el concepto de valor presente (VP) – el hasta ahora denominado valor actual (VA) – que representa el valor de hoy en día que tiene un flujo de dinero a recibir en el futuro (VF).

Partiendo entonces de la fórmula que ya se conoce:

$$VF = VA \times (1 + i)^n$$

Se despeja VA (cambiándole el nombre a VP) y la fórmula de valor presente (VP), como se llamará de ahora en adelante, será la siguiente:

$$VP = \frac{VF}{(1+i)^n}$$

Si los períodos son anuales el interés o tasa de descuento a utilizar será anual y, si son mensuales, se debe emplear una tasa de descuento mensualizada, a través de una fórmula a detallar en el próximo capítulo.

Cuando se habla de **valor nominal** en realidad se está hablando del valor que siempre ha tenido alguna cosa sin que este haya sido ajustado por algún deflactor, índice o interés; es el valor que siempre ha tenido desde el principio. Cuando se habla de algún valor por lo general se utiliza el valor nominal, es decir, el mismo valor que tenía desde que nació. El **valor real**, sin embargo, es el valor nominal pero ajustado por las fórmulas ya vistas, aplicando una tasa de descuento, o una inflación o un interés dado durante un período determinado. Por lo general, se emplea cuando ha transcurrido mucho tiempo, por lo que su valor real dista mucho de lo que representaba cuando se generó.

Ejemplo de esto son los sueldos que ganaban las personas a principios de siglo pasado, por ejemplo, Henry Ford en 1914 hizo un aumento importante a sus trabajadores de la planta de su modelo T en Deaborn, Michigan, duplicándoles el sueldo a 5 US$ diarios (valor nominal), no parece mucho ¿verdad? Bueno, estos 5 US$ de aquel entonces representan hoy en día unos 130 US$ diarios (valor real), muy buen sueldo para un obrero hoy en día. Otra cosa impactante: ¿saben cuánto pagaron a los indios por el terreno de la isla de Manhattan? ¡24 US$!

Para traer al presente las cifras del pasado se emplea la tasa de interés, para ello por lo general se usa el conocido índice de precios al consumo o IPC, el cual emplea situaciones reales: lo que cuesta una "cesta típica de compra", es decir una "cesta" donde se evalúan precios de raciones de pescado, leche, billetes de autobús o metro, entradas del cine, alquileres, costo de electricidad, entre otros.

Para traer los flujos de dinero futuro al presente se emplea la denominada **tasa de descuento**, también llamada costo de capital, el cual representa el costo de los recursos financieros necesarios para llevar a cabo una inversión. Este costo lleva implícito la variable riesgo; la existencia de un alto riesgo en una inversión determinada implicaría un alto costo de capital. Esta tasa de descuento, por lo tanto, debe considerar los siguientes factores:

- Inflación de la moneda del país en que se lleva a cabo el proyecto
- Condiciones y factores de riesgo y liquidez del mercado donde se desarrollará el proyecto
- Condiciones operativas y financieras de la empresa que llevará a cabo el proyecto
- Cantidad de financiamiento necesario para el proyecto

Se puede decir también que el costo de capital de un proyecto es el retorno mínimo que esperan los accionistas por el dinero que están invirtiendo en el mismo. Un inversionista sin duda evalúa dónde le es más rentable colocar su dinero. Así, si un instrumento financiero poco riesgoso (como los bonos del tesoro norteamericano) le da un mejor retorno que un proyecto que está apenas por comenzar y donde se vislumbra cierto tipo de riesgo, el inversionista no tendrá mayor interés en colocar su dinero en él y preferirá la opción más segura del bono del tesoro. Por ello es muy importante lograr convencer al accionista de la factibilidad y rentabilidad del proyecto y la mejor herramienta para ello es un sólido Plan de Negocio (véase este capítulo).

4. INTERÉS MENSUALIZADO

Muchas fórmulas se derivan de la fórmula de interés compuesto, haciendo simples despejes y cambios de variable. Otra de ellas se utiliza para obtener el interés mensual equivalente, es decir, aquel interés que al aplicarlo al capital 12 veces se obtiene la misma cantidad que aplicarlo una sola vez, pero con el interés anual. Y no, no es lo mismo que dividir este último entre 12, veamos:

En primer lugar, se debe reescribir la fórmula empleando los nombres de las variables que se emplean más a menudo, de esta manera:

$$VF = VA \times (1 + i)^n$$

VF = Valor futuro
VA = Valor actual
i = interés
n = número de períodos

Aquí, las dos últimas variables están íntimamente relacionadas, es decir, si el interés es mensual los períodos denotarán meses; si el interés es anual los períodos deberán denotar años. Como aplicar la fórmula del interés compuesto por el período de un año empleando un interés anual (i) es equivalente a aplicar la misma fórmula por un período de 12 meses, pero empleando el interés mensual (i_m), se tiene que:

VF = VA x $(1 + i_m)^{12}$ es equivalente a: VF = VA x $(1 + i)$ [1], de donde se desprende que:

$$(1 + i_m)^{12} = (1 + i)$$

Luego, se despeja i_m tomando la raíz doceava en ambos lados:

$$\sqrt[12]{(1 + i_m)^{12}} = \sqrt[12]{(1 + i)}$$

$$1 + i_m = \sqrt[12]{(1 + i)}$$

$$i_m = \sqrt[12]{(1 + i)} - 1$$

Que se puede reescribir como:

$$i_m = (1 + i)^{\left(\frac{1}{12}\right)} - 1$$

Con esta fórmula se puede comprobar que 24% anual no equivale a un 2% mensual (que es el resultado de dividir entre 12), sino a un 1,81% mensual, resultado de aplicar esta última fórmula.

5. VALOR PRESENTE Y VALOR PRESENTE NETO

Con estas fórmulas y una pequeña ayuda matemática se logra derivar una fórmula que permite, entre otras cosas: traer una serie de flujos constantes a presente, calcular los meses que se necesitan para que algo sea rentable, calcular el valor de los flujos que se necesitan para obtener la rentabilidad.

Para ello veamos cómo se deriva la fórmula. Partimos de la premisa de que tenemos una serie de "n" flujos constantes en el tiempo (en su valor nominal) que se llamarán F, por lo que el histórico de flujos constantes sería el siguiente:

Mes 1 Mes 2 Mes 3 Mes 4 Mes 5 Mes 6 ...   Mes n

| F | F | F | F | F | F | ... | F |

Trayendo a presente estos flujos y sumándolos tendríamos lo siguiente:

$$\frac{F}{(1+i)^1} + \frac{F}{(1+i)^2} + \frac{F}{(1+i)^3} + \frac{F}{(1+i)^4} + \frac{F}{(1+i)^5} + \frac{F}{(1+i)^6} + ... + \frac{F}{(1+i)^n}$$

Mes 1	Mes 2	Mes 3	Mes 4	Mes 5	Mes 6	...	Mes n

22

Esta suma equivale a lo que se denomina Valor Presente, que no es más que la suma de todos los flujos "F" que originan el proyecto (asumiendo que son constantes) traídos a presente o a su valor real de hoy. Este valor es con el que debe compararse la inversión inicial realizada en el proyecto para saber si este es o no rentable. Al restarse ambos se obtiene el denominado Valor Presente Neto que se explicará más adelante.

La idea es buscar una fórmula que arroje esta suma para "n" meses, sin necesidad de calcularse mes a mes e ir acumulando. Esta fórmula existe y es muy útil puesto que sirve como una herramienta práctica para determinar la rentabilidad de una inversión rápidamente. A continuación, se presenta la forma de cómo llegar a ella:

Los términos que se deben sumar sólo se diferencian en que para llegar al siguiente se debe multiplicar por $\frac{1}{(1+i)}$, por lo tanto, esto no es más que una progresión geométrica, donde el término siguiente se obtiene multiplicando el anterior por una razón "r" y que en este caso equivale a $\frac{1}{(1+i)}$. ¿Cómo se halla entonces la suma de los n primeros términos de esta suma o progresión geométrica? Para ello, se debe emplear un sencillo truco matemático:

Se parte de la suma que queremos hallar (sustituyendo por practicidad el $\frac{1}{(1+i)}$ por "r":

$$VP = F * r + F * r^2 + F * r^3 + F * r^4 + ... + F * r^n$$

Se aplica ahora el truco matemático de multiplicar ambos lados "r" y se obtiene lo siguiente:

$$VP*r = F * r^2 + F * r^3 + F * r^4 + ... + F * r^n + F * r^{n+1}$$

Ahora se restan ambas ecuaciones:

$$VP = \quad F * r + F * r^2 + F * r^3 + F * r^4 + ... + F * r^n$$

$$VP*r = \qquad F * r^2 + F * r^3 + F * r^4 + ... + F * r^n + F * r^{n+1}$$

$$VP - VP * r = F * r \qquad\qquad - F * r^{n+1}$$

Si se saca mínimo común múltiplo "VP" del lado izquierdo, "r" del lado derecho y se despeja "VP" se obtiene lo siguiente:

$$VP = F \times r \times \frac{(1 - r^n)}{(1 - r)}$$

Sustituyendo "r" ahora por $\frac{1}{(1+i)}$ y arreglando un poco el lado derecho, se obtiene lo siguiente:

$$VP = \frac{F}{i} \times \left[1 - \frac{1}{(1 + i)^n}\right]$$

Quiere decir que para obtener el valor presente de una serie de flujos constantes "F" durante "n" meses, se debe multiplicar ese valor F por algo que se llamará "multiplicador" M:

$$VP = F \times M, \text{M es, por lo tanto:}$$

$$M = \frac{1}{i} \times \left[1 - \frac{1}{(1 + i)^n}\right]$$

Si se ven los valores del multiplicador a través de una tabla se podrá entender mejor lo que representa este valor:

	Tasa de descuento anual (i)					
Meses	0%	10%	20%	30%	40%	50%
6	6,00	5,84	5,69	5,56	5,45	5,34
12	12,00	11,40	10,89	10,44	10,05	9,70
18	18,00	16,71	15,63	14,72	13,94	13,26
24	24,00	21,76	19,96	18,47	17,22	16,17
30	30,00	26,59	23,91	21,76	20,00	18,54
36	36,00	31,19	27,52	24,65	22,35	20,48

Tabla 1 – Multiplicador para cada valor de Tasa de descuento anual y tiempo (meses)

A pesar de que el cuadro indica tasas de descuento anuales en su parte superior, estas se debieron convertir a tasa mensual (no mostrada) antes de aplicar la fórmula, puesto que las filas muestran meses.

El ejemplo marcado quiere decir que, si el dinero se deprecia a razón de 20% anual y acumulamos un flujo constante de dinero durante 24 meses, la suma total de estos flujos equivaldría a recibir hoy 19,96 veces este valor y no 24 veces el valor como dice el sentido común.

Otra forma práctica de leer este mismo ejemplo utilizando el multiplicador de 19,96 sería la siguiente: ¿Cuánto me prestaría un banco que cobra un 20% de interés anual si yo estoy dispuesto a pagarles 100$

mensuaes durante 24 meses? Pues muy fácil: 100$ x 19,96 o **1.996$**.

A veces, el problema puede venir al revés, es decir, se nos pide hallar cuántos meses se requieren para recuperar una determinada inversión suponiendo que el proyecto nos arroja una cantidad constante de dinero todos los meses. Para ese caso es conveniente despejar "n" en a fórmula anterior, lo cual no es fácil pero tampoco imposible. El resultado es el siguiente:

$$n = \frac{\log\left[\frac{1}{1 - M \times i}\right]}{\log(1 + i)}$$

Donde M representa ahora el multiplicador ($\frac{VP}{F}$) y los logaritmos pueden estar en cualquier base siempre que se use la misma base en ambos.

Así, por ejemplo: si se invierten 10.000$ en un proyecto que devuelve una caja constante de 200$ mensuales y queremos saber en cuánto tiempo se recupera, empleando una tasa de descuento del 20%, se sustituyen los siguientes valores en la ecuación:

El multiplicador ($\frac{VP}{F}$): 10.000\$ / 200\$ = 50 y el interés mensual según la fórmula de interés mensualizado (utilizando 20% como tasa anual, arroja un valor de 1,53%); el valor de n es entonces:

$$n = \frac{\log\left[\frac{1}{1-50\times0.0153}\right]}{\log(1+0.0153)} \quad = \quad 95.5 \text{ meses}$$

Es decir, si la máquina que produce esos 200\$ mensuales de caja constantes, aún sigue funcionando para el mes 96, el inversionista puede sentirse feliz de haber ganado un 20% anual con su inversión de 10.000\$.

Algo más fácil de despejar en la ecuación del Valor Presente es por supuesto el Flujo mensual:

$$F = \frac{VP}{M}$$

Así, si se requiere saber qué valor de flujo constante F se necesita para que un proyecto sea rentable, este se obtendrá de la siguiente ecuación (sustituyendo el multiplicador M por su ecuación):

$$F = \frac{VP \times i}{\left[1 - \frac{1}{(1+i)^n}\right]}$$

Utilizando el mismo ejemplo anterior, se puede calcular ahora cuál debería ser el flujo mensual constante F para que la inversión de 10.000$ sea rentable al cabo no de 95.5 meses, sino al cabo de 36 meses (por ejemplo), empleando la misma tasa de descuento del 20% anual o 1.53% mensual. Sabemos que el valor presente debe sumar los 10.000$ invertidos entonces, sustituyendo:

$$F = \frac{10.000\$ \times 0.0153}{\left[1 - \frac{1}{(1+0.0153)^{36}}\right]} \quad = \quad 363.33\$$$

Es necesario entonces que el proyecto entregue mensualmente un flujo de caja de 363.33$ mensuales para poder recuperar ese 20% anual al cabo de 36 meses.

Esta misma fórmula permite calcular el pago fijo mensual de un préstamo a un interés determinado, donde se sustituye VP por el valor del préstamo, "n" por el número de períodos e "i" por el interés mensual (importante que se mensualice el interés anual a través de su fórmula).

6. VPN Y TIR

La fórmula del multiplicador y sus demás fórmulas derivadas son útiles para cuando se quieren obtener valores aproximados de rentabilidad, retorno o recuperación en meses de una inversión con flujos constantes, o para poder determinar mensualidades constantes de un préstamo bancario. Es inusual que un proyecto arroje flujos mensuales constantes.

Los proyectos por lo general más bien arrojan flujos cada vez mayores con el paso del tiempo, puesto que es natural que el negocio vaya creciendo (más clientes, más productos vendidos). Incluso, es natural esperar que los primeros flujos de caja operativos sean negativos (gastos mayores que los ingresos).

El **Valor Presente Neto** representa el valor actual de la suma de todos los flujos de efectivo netos de un proyecto que deberán actualizarse o traerse a presente con una tasa de descuento, ya explicada anteriormente.

Recordando la fórmula que trae a presente los flujos de dinero futuro:

$$VP = \frac{VF}{(1+i)^n}$$

Para determinar el valor presente neto de un proyecto, se utiliza esta misma fórmula, pero sumando los flujos mensuales de cada período:

$$VPN = \sum_{t=0}^{n} \frac{F_t}{(1+i)^t}$$

F_t representa el valor de cada uno de los flujos futuros en el tiempo t. Es importante destacar que el operador suma comienza en t=0 porque es este momento en el que se hace la inversión inicial del proyecto y este primer flujo de dinero se representa en negativo porque constituye una salida de caja (al igual que un gasto).

Como se dijo anteriormente es posible que los primeros flujos sean también negativos; esto es normal y deberán representarse con el signo obtenido.

La **Tasa Interna de Retorno** (TIR) no es más que la tasa de descuento "i" la cual hace que el Valor Presente Neto sea cero, es decir, cuando la inversión inicial es igual a la suma de los flujos de caja traídos a presente, es decir, cuando:

$$VPN = \sum_{t=1}^{n} \frac{F_t}{(1 + TIR)^t} = Inversión$$

Es importante notar que ahora la suma comienza en t=1 puesto que el primer flujo (t=0) es simplemente la inversión inicial. Calcular la TIR por lo general se hace de forma iterativa empleando ordenadores, dando valores de TIR buscando lograr esa igualdad.

Como ejercicio, se podría calcular la TIR en el caso hipotético en que los valores de los flujos mensuales sean constantes (capítulo del valor presente), es decir, despejar "i" de esta ecuación:

$$Inversión = \frac{F}{i} \times \left[1 - \frac{1}{(1 + i)^n} \right]$$

Nada sencillo, sin duda...

7. OTROS DETALLES ADICIONALES

Volviendo a la fórmula del Valor Presente de mensualidad constante que se vio anteriormente:

$$VP = \sum_{t=1}^{n} \frac{F}{(1+i)^t} = \frac{F}{i} \times \left[1 - \frac{1}{(1+i)^n}\right] = F \times M$$

Ahora bien, cuando $n \to \infty$ indica que se seguirán recibiendo flujos mensuales por toda la vida. Este caso particular se llama Valor Presente a Perpetuidad y se calcula muy sencillamente con la siguiente fórmula:

$$VP_p = \frac{F}{i}$$

Al igual que en la fórmula inicial, es importante tener en cuenta que tanto el numerador como el denominador de la fórmula (los flujos y el interés) deben tener la misma periodicidad: si el flujo es un valor mensual, la tasa de interés también deberá serlo.

Ejemplo: Para vivir de las rentas se necesita saber: ¿cuánto debe haberse ahorrado en un banco que da 3% anual para poder percibir 5000$ mensuales por el resto de la vida? Para ello se lleva el interés del 3% anual a interés mensual con la fórmula que ya se conoce y se obtiene 0.2466% mensual, aplicando ahora la fórmula:

$$VP_p = \frac{5000\$}{0.002466} = 2{,}027{,}575\$$$

Si los flujos no son constantes, sino que van creciendo (o decreciendo) constantemente en el tiempo, también existe una fórmula para calcular el valor presente a perpetuidad, siendo la tasa de crecimiento g:

$$VP_p = \frac{F}{(i - g)}$$

Aquí la tasa de crecimiento g debe ser menor que el interés, esto si se quiere es obvio.

8. PLAN DE NEGOCIO

El plan de negocio es un documento muy bien estructurado que contiene diversos elementos necesarios para convencer a los accionistas de la factibilidad de un negocio, proyecto o inversión en general. La idea es hacerles ver que el proyecto en cuestión es el mejor sitio dónde colocar su inversión para rentabilizarla lo más posible.

A los accionistas no basta con mostrarles que el proyecto es rentable, deben sentirse seguros que las premisas que se emplearon para el cálculo de su rentabilidad son lógicas, creíbles y bien fundamentadas. Para ello, por lo general se presentan estudios de mercado existentes o hechos específicamente para el proyecto; así como casos prácticos o negocios similares que han tenido éxito o no y el por qué.

Para determinar la rentabilidad se debe hacer un buen modelo analítico financiero (por lo general en Excel) lo más integrado y ordenado posible. Este modelo debe contener en sus diferentes carpetas o "pestañas" las premisas que sustentan su análisis. Por ejemplo, debe dedicarse una o varias pestañas con el detalle de cada una de las inversiones a realizar en el proyecto, otra pestaña dedicada a los diferentes estudios de mercado, demanda, que permiten definir el precio y la demanda del producto o servicio a ofrecer, otra pestaña deberá contener las necesidades y origen del financiamiento necesario.

También deberá existir obligatoriamente una pestaña para hacer los diferentes análisis de sensibilidad que le permita al accionista saber qué tanto puede variar la rentabilidad final del proyecto si se cambian parte de sus premisas claves. La idea es encontrar cuáles son los supuestos más susceptibles a cambiar, variarlos y registrar su efecto en el resultado final que arroja el caso de negocio. Estos análisis de sensibilidad se presentan por lo general de forma gráfica o en una tabla. Esto en sí constituye un análisis de riesgo respecto al cambio en las variables del entorno, es un "¿qué pasa si...?" muy útil tanto para que el accionista sepa que tan riesgoso es el proyecto donde va a invertir su dinero como para que el vendedor de la idea se proteja en cuanto a sus argumentos: "yo les dije que podía ocurrir..."

9. ANÁLISIS DE PROYECTOS Y RENTABILIDAD

Decimos que un proyecto es rentable cuando nos retorna en dinero más de lo que invertimos por él. Y este retorno de dinero no es más que la suma de todos los ingresos que percibimos menos los gastos o egresos que debemos afrontar en el período en el cual queremos determinar dicha rentabilidad.

Por lo general, para llevar a cabo un proyecto se requiere realizar inversiones en activos (maquinarias, equipos, materiales), los cuales serán destinados a producir algún bien o brindar algún servicio por el cual pagarán un precio las personas o clientes interesados en él y por lo cual se recibirán ingresos regularmente.

Para determinar adecuadamente la rentabilidad se debe realizar un caso de negocios que permita proyectar los flujos de caja mensuales que aportará el proyecto, siendo los flujos de caja los movimientos de dinero que entran y salen del proyecto. Si bien es cierto que no todos los ingresos se reciben como dinero en el mes que son causados (mala cobranza), también es cierto que no todos los gastos se erogan cuando se deben (buena tesorería) y, aunque esto puede ser representado en los casos de negocio empleando algunos ratios de circulación, como: días calle, días de venta, días de inventario, días de pago, entre otros, en la mayoría de ellos son obviados para efectos de simplificación y se asume entonces que todos los ingresos se cobran en el mes en que son causados y que todos los gastos se pagan en el mes en que son debidos; y a menos que el caso de negocio represente algo verdaderamente financiero, emplearlos es poco lo que influye en el resultado final de la rentabilidad.

La fórmula de la rentabilidad no es más que la suma de todos los flujos de caja mensuales durante un período determinado (traídos a presente), dividido por la inversión que se realizó en el proyecto, la cual, por lo general, se asume que se hizo el primer día del proyecto. Esta relación se lleva a porcentaje, por lo que tener un 100% de rentabilidad indica que durante el período en que fue medido el proyecto ingresó el mismo dinero que se invirtió, en otras palabras, ni se ganó ni se perdió – un menor flujo de caja hará que el proyecto no sea rentable, un mayor flujo de caja lo hará rentable.

Ahora bien, todo lo que se ha dicho hasta ahora sólo pasa en la isla de la fantasía – ¿por qué? – por algo muy sencillo: el dinero pierde valor con el tiempo; no es lo mismo 1000 US$ de 1960 que esos 1000 US$ hoy, puesto que en 1960 se podían adquirir muchas más cosas con esos 1000 US$ que hoy en día. De la misma forma, 1000 US$ de hoy no serán lo mismo que dentro de 50 años y es por ello por lo que los casos de negocio utilizan la variable "tasa de descuento", la cual "descuenta" o, dicho de otra manera: "trae a presente" un flujo mensual del futuro a través de la aplicación de una fórmula financiera que reduce los valores de los flujos de caja futuros cada vez más a medida que pasa el tiempo.

$$VP = \frac{VF}{(1 + i)^m}$$

VP representa aquí el valor futuro (VF) traído a presente "m" meses a una tasa de descuento "i", siendo i una tasa mensualizada de la tasa anual de descuento (TAD). Si "m" representara años entonces la tasa de descuento "i" deberá ser la TAD. Se debe recordar que para hallar la tasa mensualizada de descuento no se divide simplemente la TAD entre 12, sino que se le toma la raíz doceava de esta manera:

$$i = (1 + TAD)^{\left(\frac{1}{12}\right)} - 1$$

La tasa de descuento deberá considerar, como parte de su valor, el componente inflacionario de la moneda en la que se hace el caso de negocio; igualmente debe tomar en cuenta una medida del riesgo del proyecto ocasionado por el país donde se lleva a cabo el mismo, donde se consideran los aspectos legales y regulatorios que pueden entorpecer el buen desempeño del proyecto. Lo ideal para asegurar que un proyecto sea rentable es emplear una tasa de descuento que considere todos estos aspectos. Con ello se asegura que haber invertido en un determinado proyecto fue una mejor inversión que, por ejemplo, haber hecho cualquier colocación financiera.

Fijando entonces esta tasa de descuento ideal que haga sentir cómodo a los inversionistas, se busca que el valor de la suma de todos los flujos de caja traídos a presente sea igual (breakeven) o superior al monto de la inversión, siendo entonces la rentabilidad la división de ambas cifras:

$$R = \frac{\Sigma_0^m VP}{Inversión} \quad \textit{(expresado en \%)}$$

Existen entornos económicos donde es sumamente complejo hacer los casos de negocio en moneda local debido a los altos índices inflacionarios, por lo que deben aplicarse mensualmente otras variables dentro del mismo como inflación y aumentos de precio en el mismo caso de negocio, debiéndolos disociar de la tasa de descuento, la cual entonces sólo reflejaría el riesgo. Por ello, se prefiere en esos casos realizar los casos de negocio en monedas más duras como el dólar norteamericano, dejando implícito el tema inflacionario en la tasa de descuento del proyecto, manteniendo los precios de los servicios constantes en dólares a lo largo de todo el proyecto o aplicándoles algún deflector en caso de que los mismos estén regulados.

10. PROYECTOS SIN INVERSIÓN

En algunos casos existen proyectos que son calificados como "sin inversión", es decir, toda la inversión inicial del proyecto (por ejemplo: radios, cableados, moto-generador, antenas repetidoras) es realizada por el cliente y el inversionista sólo "arrienda" su infraestructura para que el servicio pueda ser prestado.

En estos casos, el caso de negocio se realiza de otra manera y al no haber inversión no puede hablarse de rentabilidad como tal. La idea aquí es buscar el precio del servicio que mantenga positivo el balance de ganancias y pérdidas, es decir, que los ingresos sean mayores que los egresos. Debe recordarse que muchos de los egresos están relacionados con los ingresos, por lo que deberán realizarse bucles iterativos hasta conseguir el precio idóneo que logre esta situación positiva.

Además, es fundamental entender los tipos de proyectos que se adaptan mejor a este modelo. Proyectos que involucran tecnología de punta, servicios especializados o aquellos que requieren actualizaciones constantes suelen beneficiarse de este enfoque, ya que el cliente asume la inversión inicial mientras el proveedor se enfoca en la prestación y mejora continua del servicio.

Operativamente, estos proyectos demandan una gestión eficiente y un seguimiento constante para asegurar que el servicio entregado se mantenga a la altura de las expectativas del cliente y las exigencias del mercado. Esto implica un enfoque centrado en la calidad del servicio y en la capacidad de adaptarse rápidamente a los cambios.

En cuanto a la estrategia de precios, dado que no hay inversión inicial por parte del proveedor, es crucial establecer un precio que no solo cubra los costos operativos y de mantenimiento, sino que también genere un margen de beneficio razonable. Para ello, es recomendable realizar un análisis detallado del mercado, entender la percepción de valor del cliente y considerar la elasticidad de la demanda para el servicio ofrecido.

Finalmente, aunque la rentabilidad no se mide de la misma manera que en proyectos con inversión, los indicadores de éxito deben ser cuidadosamente definidos y monitoreados. Esto incluye la satisfacción del cliente, la retención y la expansión del servicio, así como la eficiencia operativa. En resumen, aunque los proyectos sin inversión presentan desafíos únicos, también ofrecen oportunidades significativas para aquellos dispuestos a adoptar un enfoque más flexible y orientado al servicio.

11. TU FUTURO COMO FINANCISTA

Al llegar al final de este viaje juntos, espero haber encendido en ti, querido lector, una chispa de la misma pasión que siento por las finanzas. A través de las páginas de este libro, hemos explorado cómo los principios de la ingeniería pueden desentrañar y enriquecer el mundo de las finanzas, revelando una armonía sorprendente entre dos campos aparentemente dispares.

Cada fórmula que hemos desglosado, cada concepto que hemos analizado no es solo una herramienta técnica, sino una puerta hacia un mundo de posibilidades infinitas. Las finanzas, al igual que la ingeniería, son un arte y una ciencia, una danza entre números y estrategias, un juego de equilibrio entre riesgo y recompensa.

Mi deseo es que este libro no sea solo una guía, sino un compañero en tu viaje hacia la comprensión y el amor por las finanzas. Que las lecciones aprendidas aquí sean las piedras angulares sobre las que construyas tus sueños y ambiciones, ya sea como ingeniero, financiero, emprendedor, o simplemente como alguien que busca entender un poco mejor el fascinante mundo del dinero.

Así como la ingeniería transformó mi enfoque de las finanzas, espero que este libro transforme tu perspectiva y te inspire a ver las finanzas no como un conjunto de ecuaciones y gráficos, sino como un lienzo en el que puedes pintar tus propias historias de éxito y realización.